DU
CAUTIONNEMENT
Et du Transport
DES JOURNAUX

PAR

EUGÈNE BARESTE

(Rédacteur en chef de *LA REPUBLIQUE*).

Il n'y a pas de liberté constitutionnelle sans liberté de la presse.

CHATEAUBRIAND.

ARTICLES EXTRAITS DE **LA RÉPUBLIQUE.**

PARIS

IMPRIMERIE BOULÉ, RUE COQ-HERON, 3.

—

1848

DU
CAUTIONNEMENT

ET DU TRANSPORT

DES JOURNAUX.

DU CAUTIONNEMENT

ET

DU TRANSPORT

DES JOURNAUX.

———◆———

I

SOMMAIRE.—Dépêche du procureur-général de la République.—Avis du *Moniteur*. — Impossibilité de verser les cautionnemens au trésor. — Ce qu'il y aurait à faire.

Nous pensons qu'on s'est trop hâté à l'Assemblée nationale et dans le *Moniteur*, pour réclamer des cautionnemens aux journaux créés depuis la révolution de février.

La loi du 18 juillet 1828, invoquée par M. Corne dans sa dépêche au préfet de police (1) est maintenant laissée de côté, et l'on demande

---

(1)   Paris, 24 juin 1848.

Monsieur le préfet de police,

La législation sur la police de l'imprimerie et des journaux, dont l'exécution a pu être négligée à cause de la liberté laissée aux citoyens aux époques voisines des élections générales à l'Assemblée nationale, n'a pas cessé d'être en vigueur. Vous voudrez bien faire connaître aux imprimeurs de la ville de Paris et du ressort de la préfecture de police que je veillerai très exactement à l'exécution de toutes les dispositions de ces lois d'ordre public. Je vous invite, monsieur le préfet, à faire exercer une active surveillance sur les imprimeries.

Les imprimeurs auront donc à se conformer exactement aux prescriptions de la loi du 21 octobre 1814, dont les articles 11 à 21 règlent ce qui concerne leur industrie en général.

Aucun imprimeur n'ignore quels devoirs et quelle responsabilité lui sont imposés relativement aux affiches, quant au timbre et à la couleur du papier.

l'exécution de celle du 14 décembre 1830 ; car nous avons tout lieu de croire que l'avis COMMUNIQUÉ au *Moniteur*, et placé à la partie *non* officielle de ce journal, émane du parquet (1).

Nous sommes tout prêts à nous conformer à la loi du 14 décembre 1830, si les cautionnemens sont rétablis et si la loi dont on parle est excutée. Mais il y a cependant un obstacle que n'ont prévu ni M. le général Cavaignac, ni M. le procureur général de la République : c'est qu'au ministère des finances on ne reconnaît ni la loi de 1828, ni celle de 1830, et qu'on ne veut recevoir, pour un journal quotidien, que le *cautionnement de* 100,000 *francs* EN NUMÉRAIRE, fixé par l'article 18 du titre 2 de la loi du 9 septembre 1835.

Notre ami Eugène Pelletan, rédacteur en chef du *Bien public*, s'est présenté au bureau des cautionnemens du ministère des finances, et il lui a été fait une réponse semblable. Nous-mêmes, nous avons vu M. Serrurier, chef de ce bureau, et il nous a dit formellement que la loi de 1835, relative aux cautionnemens des journaux, n'avait pas été abrogée par l'article 1er du décret du 6 mars dernier,

---

En ce qui concerne la presse périodique, les imprimeurs connaissent les formalités auxquelles la loi du 18 juillet 1828 notamment soumet les gérans des journaux, et j'ai la confiance qu'ils ne voudront pas, en s'associant aux infractions à ces lois, assumer sur eux une responsabilité que mon devoir de magistrat m'obligerait à invoquer contre eux. Ils savent spécialement qu'aucun exemplaire du journal ne peut sortir de leurs presses sans porter imprimée la signature d'un gérant réunissant les conditions prescrites par la loi du 18 juillet 1828.

Enfin les imprimeurs savent que, dans des jours difficiles, l'intérêt public leur impose encore plus strictement le devoir de prendre connaissance des écrits qu'ils impriment, et s'abstenir d'imprimer des écrits contenant des provocations à des crimes ou à des délits, à la désobéissance aux lois ou à toute autre infraction.

Contre ceux des imprimeurs qui méconnaîtront ces dernières prescriptions légales, et se rendront ainsi complices de crimes ou délits réprimés par la loi, je n'hésiterai pas à requérir l'application de l'art. 26 de la loi du 17 mai 1819 et de toutes autres dispositions répressives encore en vigueur.

Recevez, monsieur le préfet, l'assurance de ma haute considération.

Le procureur général,

H. CORNE.

(1) « Les gérans ou propriétaires de plusieurs journaux qui se publient à Paris, ayant sollicité de M. le procureur général près la cour d'appel un délai pour fournir le cautionnement exigé par la loi, M. le procureur général a répondu qu'un délai de quinze jours, à partir du 27 juin dernier, était accordé aux journaux déjà existans à cette époque du 27 juin, pour se conformer à la loi. Aucunes poursuites pour défaut de cautionnement ne seront donc exercées contre ces journaux d'ici au 12 juillet; mais, à partir de ce jour, la loi sera exécutée. En conséquence, MM. les gérans ou propriétaires des journaux qui n'ont pas encore déposé leurs cautionnemens sont invités à se mettre immédiatement en règle.

Les journaux créés depuis le 27 juin dont le cautionnement n'est pas encore

rendu par le gouvernement provisoire. Il nous a montré, en outre, une pièce émanant du ministère de l'intérieur, signée d'un membre du gouvernement, et où il est dit que les dispositions de la loi de 1835, relatives aux cautionnemens, *restent et demeurent les mêmes.*

Il nous semble que, dans un tel état de choses, il serait bon que M. le ministre des finances s'entendît avec MM. le général Cavaignac, le ministre de la justice et le procureur-général pour qu'on sût enfin laquelle des trois lois sera exécutée : ou celle du 18 juillet, 1829, ou celle du 14 décembre 1830, ou celle du 9 septembre 1835.

Il serait peut-être meilleur que toutes ces lois *monarchiques* fussent abrogées entièrement, et que le ministre des finances , après s'être concerté avec M. le ministre de la justice, présentât à l'Assemblée nationale un projet de loi sur la presse, destiné à fixer le chiffre du cautionnement des journaux, lequel pourrait être discuté et voté d'urgence dans les premiers jours de la semaine prochaine.

Nous soumettons cette idée aux lumières des membres du pouvoir actuel.

---

fourni ne sont pas appelés à profiter du délai dont il vient d'être parlé ; ils doivent donc cesser de paraître jusqu'à ce qu'ils aient régularisé leur position, sous peine d'être poursuivis conformément à la loi.

La loi du 9 septembre 1835 ayant été abrogée par un décret du gouvernement provisoire, le taux du cautionnement à fournir est celui fixé par l'art. 1er de la loi du 14 décembre 1830.

La publication de tout journal ou écrit périodique soumis au cautionnement doit être précédée d'une déclaration faite à la direction de la librairie pour les journaux publiés à Paris, conformément aux art. 6 et 7 de la loi du 18 juillet 1828.

Aux termes de l'ordonnance du 29 juillet 1828, il doit être justifié de cette déclaration, ainsi que du versement du cautionnement, avant toute publication du journal, au procureur de la République, qui en donne acte et en tient registre. MM. les gérans ou propriétaires sont invités à remplir immédiatement ces formalités. Les journaux appelés à profiter du délai accordé ci-dessus pour le versement de leurs cautionnemens n'en doivent pas moins faire de suite les déclarations et justifications prescrites par la loi du 18 juillet 1828 et par l'ordonnance du 29 du même mois, sauf à compléter la justification à faire au parquet, après qu'ils auront fourni leurs cautionnemens dans le délai qui leur est imparti ci-dessus.

Enfin, l'art. 8 de la loi du 18 juillet 1828 ordonne qu'au moment de la publication de chaque numéro d'un journal ou écrit périodique il en sera déposé au parquet de première instance un exemplaire signé pour minute par le propriétaire ou gérant. Ce dépôt doit être fait, pour les journaux de Paris, au bureau de permanence de la Préfecture de police, désigné par le parquet pour recevoir les exemplaires déposés à toute heure et en donner récépissé.

Les journaux en retard de remplir cette formalité sont invités à s'y soumettre sans aucun délai, s'ils ne veulent être poursuivis suivant la loi. (*Communiqué.*) —*Moniteur* du 7 juillet 1848.

Mais nous devons prévenir nos abonnés que , quoi qu'il arrive, nous continuerons la publication de notre journal.

Nous avons combattu, depuis la fondation de notre feuille , pour l'affermissement et le triomphe de la République ; nous avons inscrit les premiers sur notre drapeau cette immortelle et sainte devise : *Liberté, égalité, fraternité*, que nous voulons voir appliquer en France.

Nous sommes, comme Armand Carrel, ennemis de tous les priviléges, de tous les monopoles qui entravent la liberté de penser et d'écrire ; mais s'il nous est impossibe de publier nos idées sans avoir un cautionnement au Trésor, nous sommes prêts à acquitter le montant de la somme qui sera fixée à cet égard par le gouvernement de la République française (1).

II

SOMMAIRE. — Discours de M. le général Cavaignac à l'Assemblée nationale. — Loi du 14 décembre 1830. — Inconvénient du rétablissement du cautionnement. — Refus du ministre des finances de recevoir un cautionnement de 100,000 fr. — Découvert du trésor, causé par le rétablissement des cautionnemens.

Nous avons lu très attentivement dans le *Moniteur* le discours prononcé hier par M. le général Cavaignac à l'Assemblée nationale , et il est résulté pour nous de cette lecture que M. le président du conseil trouve de nombreux inconvéniens au rétablissement, même momentané, du cautionnement ; mais que cette mesure sera prise plutôt pour se mettre en état de défense que pour susciter des óbstacles à la presse créée depuis la révolution de février. Nous devons ajouter que M. le général Cavaignac a terminé son discours en prononçant des paroles qui ont obtenu la plus vive approbation : « Je prie l'Assemblée, a-t-il dit, de vouloir bien se rappeler que c'est en présence d'une nécessité que la circulaire a été rendue, et que nous réservons la question du cautionnement pour une loi définitive. »

Si le gouvernement a l'intention de réserver la question du cautionnement à la discussion et au vote de l'Assemblée nationale, nous ignorons pourquoi l'avis *communiqué* au *Moniteur* a été inséré hier ; car la plus parfaite tranquillité règne dans les rues. Le pouvoir n'est

---

(1) *La République*, 8 juillet, n° 133.

nullement inquiété par la presse sans cautionnement ; le *Constitutionnel* nous apprend même ce matin que les travaux reprennent
sur tous les points, et que le numéraire circule plus librement ; la
rente fait chaque jour de nouveaux progrès à la hausse. Que veut-on
de plus ? Ce n'est certes pas le moment « de se mettre en état de dé
fense » et de forcer ces malheureux ouvriers de la pensée, qu'on appelle journalistes, à déposer au Trésor un capital de 2,400 fr. de rente pour avoir le droit de publier leurs idées !

Nous avons démontré hier l'impossibilité où l'on se trouve aujour-
d'hui de mettre à exécution la loi du 14 décembre 1830, attendu
que les ministres de la justice et des finances ne sont pas d'accord
sur les effets du décret du 6 mars dernier, relatif à l'abrogation des
lois du 9 septembre 1835. Il se peut, nous le voulons bien encore,
malgré les scrupules de messieurs des finances, que le gouvernement
provisoire ait aboli entièrement toutes les dispositions des horribles
lois de septembre, et qu'on veuille maintenant rétrograder jusqu'à
la loi du 14 décembre 1830, votée sous le règne de Louis-Philippe,
et dont M. le duc de Broglie était le rapporteur. Les six ou huit journaux nés depuis la révolution de février, et qui n'ont pas été suppri-
més lors des derniers événemens, seront tenus de fournir chacun un
cautionnement de 2,400 fr. de rente. Mais les quinze ou vingt journaux anciens, qui ont chacun au trésor un cautionnement de 100,000
fr., adresseront immédiatement des réclamations au ministre des finances pour avoir l'excédant de leur cautionnement ; car il ne serait
ni juste ni équitable que les nouveaux journaux eussent un cautionnement de 2,400 fr. de rente seulement, tandis que les anciens seraient obligés de laisser au trésor un cautionnement de 100,000 fr.
en numéraire.

M. le général Cavaignac a dit à la tribune : « Je ne me dissimule
pas, et les membres du conseil ne se sont pas dissimulé plus que
moi, L'INCONVÉNIENT qu'il y a au rétablissement, même momentané
du cautionnement, car le gouvernement paraît ainsi préjuger la question du cautionnement. Il n'en est rien ; il réserve toute discussion à
cet égard. »

Il y aurait alors un très grave *inconvénient* à forcer les nouveaux
journaux de verser immédiatement le cautionnement exigé par la loi
du 14 décembre 1830, puisque cette question sera traitée dans le
sein du ministère et par l'Assemblée nationale. Ce cautionnement
pourrait leur être rendu quinze jours ou trois semaines après, si
l'Assemblée décidait par hasard que les cautionnemens sont abolis,
ou si un chiffre moindre que celui de 2,400 fr. de rente était exigé

par M. le ministre des finances. On nous annonce même que le chef du bureau des cautionnemens a refusé hier de recevoir un cautionnement de 100,000 fr. , sous le prétexte que les lois qui régissent la presse ne s'accordent pas entre elles, et que le ministre des finances n'est nullement fixé sur le chiffre du cautionnement des journaux.

Il n'y a donc qu'à attendre la discussion et le vote des nouvelles lois sur la presse. Le gouvernement actuel ne peut en aucune façon vouloir revenir aux *lois monarchiques* suscitées comme entraves à la liberté de la presse par les ministres de l'ancien règne, et qui ont été si énergiquement blâmées dans la *Tribune* et le *National* par les deux vaillans et honorables champions du journalisme de l'oppposition républicaine : Godefroy Cavaignac et Armand Carrel !

Le gouvernement, nous le pensons du moins, ne demande pas le rétablissement des cautionnemens pour faire affluer dans ses coffres quelques centaines de mille francs de plus, petites gouttes d'eau perdues dans ce vaste océan des finances de l'Etat. Il veut sans doute rendre plus circonspects certains journaux qui, n'ayant rien à perdre, croient avoir le droit de tout oser, quoique l'audace ne soit plus guère de saison à l'heure qu'il est ; car « la presse parisienne, comme l'a dit fort bien hier M. le général Cavaignac, est sous le poids très pesant des conditions de l'état de siége. »

M. le ministre Goudchaux, qui veut, dit-on, ramener l'ordre dans nos finances, ne s'empressera pas de souscrire à cette mesure : il y perdrait beaucoup ; au lieu de recevoir de l'argent, comme on pourrait le croire au premier abord, il serait forcé d'en donner.

Il y a, venons-nous de dire, quinze ou vingt anciens journaux qui ont chacun au trésor un cautionnement de 100,000 fr.; soit un million cinq cent mille francs que M. le ministre conserve dans ses caisses ; et nous ne prenons encore que le chiffre modique de quinze cautionnemens ; il y en a peut-âtre seize ou dix-huit, ce qui ferait alors un million six ou un million huit cent mille francs. Mais en attendant que le chiffre soit donné officiellement, nous aimons mieux nous en tenir à celui de quinze. Les journaux créés depuis la révolution de février, et qui ont existé jusqu'à présent, sont au nombre de huit environ. Si la loi du 14 décembre 1830 est rendue exécutoire le 12 juillet prochain, comme le dit l'*avis* du *Moniteur* que nous avons reproduit hier dans nos colonnes, ils seront forcés de se conformer à cet article :

« Si un journal ou écrit périodique paraît plus de deux fois par semaine, soit à jour fixe, soit par livraisons ou *régulièrement* (1), le cautionnement sera de DEUX MILLE QUATRE CENTS FRANCS DE RENTE. » (*art. 1er de la loi du 14 décembre* 1830.)

Or, en portant à 48,000 fr. chacun de ces cautionnemens, les huit réunis formeront un capital de 364,000 francs. L'État recevra , il est vrai, des nouveaux journaux une somme de 364,000 francs ; mais il se trouvera dans la dure obligation de rendre aux anciens journaux l'excédant de leur cautionnement , c'est-à-dire 52,000 fr. par chaque journal, ce qui fera pour les quinze journaux une som-me assez ronde de SEPT CENT QUATRE-VINGT MILLE FRANCS !

En calculant maintenant les sommes versées par les nouveaux jour-naux et celles rendues aux anciens journaux, on arrive à cette triste conclusion : que, par la mesure financière du rétablissement des cautionnemens d'après la loi du 14 décembre 1830, le Trésor se trouvera à découvert d'une somme de QUATRE CENT SEIZE MILLE FRANCS !...

Le maintien du *statu quo*, en ce qui touche les cautionnemens, est encore ce qu'il y a de mieux ; et nous espérons que le gouvernement actuel voudra bien prendre en sérieuse considération les observations que nous prenons la liberté de lui soumettre.

Du reste, la question n'est seulement qu'effleurée, et demain, en continuant de la discuter , nous avons tout lieu de croire que, s'il reste encore quelques hésitations dans les esprits du président du conseil et du ministre des finances, elles s'évanouiront devant les faits qui seront produits (2).

----

(1) Il y a sans doute ici une erreur dans le texte du *Bulletin des Lois* ; on doit lire *irrégulièrement* au lieu de *régulièrement*. Il est vrai de dire que, dans le texte voté par la chambre des députés et inséré au *Moniteur* du 9 novembre 1830, on trouve le mot *régulièrement* ; mais dans le rapport fait à la chambre des pairs le 3 décembre suivant, et dans le *Moniteur* du 4 décembre on lit : *irrégulièrement*. Du reste, les textes des lois antérieures, celles du 9 juin 1819 et du 18 juillet 1828, portent tous le mot *irrégulièrement*.

(2) *La République*, 9 juillet, n° 134.

III

Il est à remarquer que la presse parisienne, et surtout les anciens journaux, sont restés complétement indifférens aux dépêches du pro-cureur général, à la lettre du directeur des postes, et à la circulaire du ministre de la justice. Le *Journal des Débats* lui-même, qui, par intérêt personnel, prenait jadis avec tant de courage et d'énergie la défense de la liberté de la presse, n'a pas trouvé un seul mot à dire après avoir lu les pièces que nous venons de citer. Il est inutile de parler du *Constitutionnel* et du *Siècle*, ces deux pachas du journa-lisme, qui trouvent que tout est bien tant qu'ils peuvent vivre à leur aise et que leur fonds de boutique se trouve convenablement achalandé. Peu leur importe la question du cautionnement : ils en ont un de 100,000 francs au trésor. Que leur fait la lettre de M. Etienne Ara-go? Ils n'envoient pas de journaux pour être vendus dans la rue : ils sont trop grands seigneurs pour cela! Tant qu'ils ne sont pas atta-qués personnellement, ils s'inquiètent bien peu des entraves qu'on peut apporter à la liberté de la presse. Ce qu'ils veulent, c'est la li-berté du *Constitutionnel* ou du *Siècle* ; mais, quant à la liberté des journaux en général, ils ne s'en inquiètent pas le moins du monde. *Chacun chez soi, chacun pour soi*, telle est leur devise.

On ne manquera pas de dire que, si nous avons pris la parole pour défendre si souvent et si longuement la plus chère de nos libertés, c'est que nous avons particulièrement de fort bonnes raisons pour cela ; nous répondrons à l'avance que nous sommes tout à fait désin-téressés dans la question. Nous avons été aujourd'hui au ministère des finances pour y déposer notre cautionnement; et s'il n'a pas été reçu, c'est qu'on n'est pas encore fixé (comme nous l'avons dit dans nos deux premiers articles) sur la somme à verser. Notre journal est, de tous les journaux nouveaux, celui qui a le plus d'abonnés dans les départemens ; nous pourrions même dire que nous en avons beau-coup plus que certains journaux anciens. La lettre de M. Arago ne nous a donc pas fait un tort considérable; car depuis qu'il nous est interdit de faire vendre *la République* dans les rues des principales villes de France, nous avons gagné un très grand nombre d'abonnés :

ceux qui achetaient nos numéros sur la place publique, les reçoivent maintenant à domicile. Nous n'avions que des acheteurs avant la publication de la lettre de M. Arago ; aujourd'hui, nous avons des abonnés, et, s'il faut le dire avec franchise, nous n'avons pas perdu au change.

Mais lorsqu'il s'agit de défendre un principe, nous faisons taire nos intérêts. Nous n'avons jamais eu en vue une affaire de commerce en fondant ce journal : c'est une œuvre de propagande que nous accomplissons depuis le 24 février, et nous ne l'oublierons jamais. Nous avons écrit notre programme sur les barricades ; nous avons les premiers crié : *Vive la République!* et nous nous sommes imposé le devoir de soutenir et de défendre les hommes qui acceptent franchement la République, qui adoptent son drapeau et veulent concourir sans secousse et sans violence à l'amélioration du sort des classes pauvres, à l'affranchissement du prolétariat et aux progrès de l'agriculture, de l'industrie et du commerce.

Notre journal n'a pas un caractère exclusif : s'il s'occupe plus particulièrement des classes souffrantes et déshéritées, parce qu'elles ont plus besoin de secours que toutes les autres, il n'oublie pas l'agriculteur, l'industriel, le fabricant, le commerçant, le savant, l'artiste, qui jouent un assez beau rôle dans la société, puisque par eux seuls la France marche à la tête des nations civilisées !

Le cautionnement des journaux, inventé par le système monarchique, ne peut exister sous un régime républicain : voilà pourquoi nous l'avons combattu.

Nous eussions désiré que M. le général Cavaignac et M. le ministre de la justice se fussent bien rendu compte des raisons qui ont nécessité cette exploitation de l'intelligence par le capital, et nous sommes certains que les cautionnemens auraient été abolis pour toujours.

Il faut que la société soit garantie des écarts de certains écrivains, des calomnies de certains autres, rien de plus juste ; car la plume du journaliste est souvent maniée par d'infâmes misérables qui vivent en jetant le déshonneur dans les familles, en empoisonnant l'existence des hommes de cœur et de dévoûment ; en tuant par le mensonge des administrateurs intègres, des fonctionnaires d'une capacité reconnue; — et il n'y a pas de lois pour empêcher ces vipères de jeter leur venin !...

Ces vils folliculaires, qu'on pourrait assimiler aux habitués des bagnes, écrivent dans des journaux qui sont, ma foi, fort bien cautionnés. Alors, à quoi bon le cautionnement ? Tant qu'il n'y aura pas de peines corporelles excessivement sévères prononcées contre tout écrivain qui abuse de la liberté d'écrire, le mal sera le même, et le cautionnement n'y pourra rien.

On a cru et l'on croit encore que le cautionnement saura mettre un terme aux calomnies de la presse. L'histoire du journalisme est là pour prouver le contraire.

L'illustre écrivain dont nous déplorons si vivement la perte partagea ce préjugé; car c'est à Châteaubriand que nous devons le cautionnement des journaux. Il n'est pas sans intérêt de citer les paroles qu'il écrivait dans son bel ouvrage *De la Monarchie selon la Charte*, paroles qui nous valurent plus tard l'art. 1er de la loi du 19 juin 1819 :

« La liberté de la presse a des dangers, disait-il ; qui l'ignore? Aussi cette liberté ne peut exister qu'en ayant derrière elle une loi forte, *immanis lex*, qui prévienne la prévarication par la ruine, la calomnie par l'infamie, les écrits séditieux par la prison, l'exil et quelquefois la mort. C'est aux risques et périls de l'écrivain que je demande pour lui la liberté de la presse ; mais il faut cette liberté ou, encore une fois, la Constitution n'est qu'un jeu.

» Quant aux journaux, qui sont l'arme la plus dangereuse, il est d'abord aisé d'en diminuer l'abus en *obligeant les propriétaires des feuilles périodiques, comme les notaires et autres agens publics, à fournir un* CAUTIONNEMENT. Ce cautionnement répondrait des amendes, peine la plus juste et la plus facile à appliquer. Je le fixerai au capital que je suppose la contribution directe de mille francs, que tout citoyen DOIT PAYER *pour être élu membre de la Chambre des députés*. Voici ma raison. Une gazette est une tribune. De même qu'on exige des députés appelés à discuter les affaires, que son intérêt, comme propriétaire, l'attache à la propriété commune, de même le journaliste qui veut s'arroger le droit de parler à la France doit être aussi un homme qui ait quelque chose à gagner à l'ordre public, et à perdre au bouleversement de la société. »

Et plus loin, en parlant de la liberté de la presse par rapport aux ministres, il disait :

« Que les ministres se persuadent bien qu'ils ne sont point des seigneurs aristocratiques; ils sont des agens d'un roi constitutionnel dans une monarchie représentative. Les ministres habiles ne craignent point la liberté de la presse : on les attaque et ils survivent... Que les ministres soient des hommes de talent, qu'ils sachent mettre de leur parti le public et la majorité des chambres, et les bons écrivains entreront dans leurs rangs, et les journaux les mieux faits et les plus répandus les soutiendront. Ils seront cent fois plus forts, car ils marcheront avec l'opinion générale. Quand ils ne voudront plus se tenir dans l'exception et contrarier l'esprit des choses, ils n'auront rien à craindre de ce que l'humeur pourra leur dire. Enfin tout n'est pas fait dans un gouvernement pour des ministres ; il faut vouloir ce qui est de la nature des institutions sous lesquelles on vit, et, encore une fois, il n'y a pas de liberté constitutionnelle sans liberté de la presse (1). »

Ainsi, de la part du défenseur le plus sincère de la monarchie de la Restauration, l'aveu est significatif. Châteaubriand demande un cautionnement pour les journaux, parce que le journal est une tribune comme celle de la chambre, et qu'alors le droit de parler dans cette chambre se payait par une contribution directe de mille francs. Mais Châteaubriand n'aurait pu tenir le même langage aujourd'hui que le suffrage universel existe et qu'on n'acquitte aucune contribution directe pour avoir le droit de siéger à l'Assemblée nationale.

En tenant le même raisonnement, on arrive tout droit à l'abolition du cautionnement. Il est bien évident que si l'on n'exige pas de l'éligible un cens quelconque pour être élu, on ne doit pas exiger davantage de l'écrivain qui discute dans ses colonnes les affaires du pays ; ou, pour mieux dire, si l'on rétablit les cautionnemens, il faut exiger des éligibles une contribution analogue à celle dont parle Châteaubriand. Ceci est tellement logique, tellement rationnel, que nous espérons bien avoir gain de cause auprès de M. le général Cavaignac et du ministre de la justice.

Nous venons de dire que les paroles de Châteaubriand nous ont valu la création des cautionnemens ; en effet, quelque temps après la publication de cet ouvrage fut rendue la première loi sur la presse, où il est question des cautionnemens ; c'est celle du 9 juin 1819.

Voici le texte de l'art. 1er.

« Les propriétaires ou éditeurs de tout journal ou écrit périodique, consacré en tout ou en partie aux nouvelles et matières politiques, et paraissant, soit à jour fixe, soit par livraison et irrégulièrement (2), mais plus d'une fois par mois, seront tenus de fournir un cautionnement qui sera, dans le département de la Seine, de Seine-et-Oise et

---

(1) **CHATEAUBRIAND.** — *De la Monarchie selon la Charte*, chap. 20. OEuvres complètes, t. XXV, p. 48, 49, 52, 53.

(2) Il n'est pas hors de propos de noter en passant que le texte porte *irrégulièrement* et non pas *régulièrement*, comme dans celui du 14 décembre 1830. Nous avons retrouvé, en faisant de nouvelles recherches, que les législateurs du règne de Louis-Philippe s'étant aperçus de l'erreur commise dans la rédaction de la loi que nous venons de citer, rendirent le 8 avril 1831 une nouvelle loi, où l'article 1er de la loi du 14 décembre 1830 fut abrogé.

de Seine-et-Marne, de DIX MILLE FRANCS *de rente* pour les journaux. et écrits périodiques paraissant à des termes moins rapprochés. »

Nous venons de citer cet article pour montrer que le chiffre des cautionnemens a toujours été en diminuant depuis cette époque, et qu'il serait injuste d'adopter aujourd'hui le chiffre déjà trop élevé du cautionnement fixé par la loi du 14 décembre 1830. Nous ne parlons pas, bien entendu, des horribles lois de septembre, qui portèrent ce chiffre à cent mille francs de capital en numéraire. Il y a de ces institutions que, pour l'honneur de la France, on doit cacher sous le voile de l'oubli !

Le chiffre du cautionnement fixé par la loi du 9 juin 1819 était, ainsi que nous venons de le voir, de *dix mille francs de rente*; celui fixé par la loi du 18 juillet 1828 avait déjà subi, après neuf années, une assez notable diminution, puisqu'il n'était plus que de *six mille francs de rente*; enfin, le chiffre du cautionnement fixé par la loi du 14 décembre 1830 ne fut plus que de *deux mille quatre cents francs de rente*. Il est bon d'ajouter cependant que le peuple, aidé des libéraux de la Restauration, venait de faire une révolution. M. le général Cavaignac et M. le ministre de la justice ne tiendront-ils pas compte des progrès du temps, et ne feront-ils pas, sous une République, ce qui a été déjà fait sous deux régimes monarchiques, surtout après une révolution faite par la presse républicaine, à laquelle appartiennent MM. Cavaignac et Bethmont?

Disons en terminant que la question n'est pas épuisée et que nous avons encore d'autres considérations à faire valoir en faveur de la diminution et même de l'abolition des cautionnemens (1).

IV.

SOMMAIRE. — Présentation du projet de décret relatif au cautionnement des journaux. — Paroles de M. Senard en 1839 et en 1848. — Du taux du cautionnement; réflexions à cet égard. — Du délai accordé pour les versemens.

M. Senard, ministre de l'intérieur, a déposé sur le bureau de l'Assemblée, en l'absence du ministre de la justice, un projet de décret relatif aux cautionnemens des journaux.

Nous devons nous féliciter de l'initiative que nous avons prise en cette circonstance. Disons-le humblement, mais franchement, c'est à nous seuls qu'on doit l'idée du projet qui va être prochainement discuté à l'Assemblée nationale; car *nous seuls*, parmi tous les organes

---

(1) *La République*, 11 juillet, no 136.

de la presse parisienne, avons traité la question du cautionnement. Nous écrivions dans notre numéro du 8 juillet dernier, en montrant l'impossibilité où l'on se trouvait d'appliquer en ce moment ou la loi du 18 juillet 1828, ou celle du 14 décembre 1830, ou enfin celle du 9 septembre 1835 ; nous écrivions, dis-je, les lignes suivantes :

« Il serait peut-être meilleur que toutes ces *lois* MONARCHIQUES fussent abrogées entièrement, et que le ministre des finances, après s'être concerté avec M. le ministre de la justice, présentât à l'Assemblée nationale un projet de loi sur la presse, destiné à fixer le chiffre du cautionnement des journaux, lequel pourrait être discuté et voté d'urgence dans les premiers jours de la semaine prochaine. Nous soumettons cette idée aux lumières des membres du pouvoir actuel. »

Nos observations, comme on le voit, n'ont point été perdues, et M. le ministre de la justice, d'accord avec M. le ministre des finances, a rédigé le projet de décret que nous allons nous permettre de discuter au nom de la liberté de la presse pour laquelle nous avons si souvent combattu depuis le 24 février et que nous avons défendue, nous les seuls, depuis les tristes événemens de juin.

Après avoir lu le projet du gouvernement, M. Senard a dit :

« La liberté de la pensée, le droit pour chaque citoyen de publier ses opinions par la voie de la presse, sont de l'essence du gouvernement républicain. »

Nous n'attendions pas mieux de l'ancien bâtonnier des avocats de Rouen qui, dans un banquet donné en 1839 à MM. Laffitte et Arago, prononçait les paroles suivantes :

« La presse est la voix du peuple dans les gouvernemens libres : c'est la plus précieuse de nos garanties, c'est l'instrument le plus puissant de la civilisation et du progrès. La législation de la presse est la révélation la plus sûre des tendances secrètes du gouvernement dont elle émane. Est-ce qu'au milieu de toutes les combinaisons destinées, dans les lois de septembre, à bâillonner les organes de l'opinion publique, vous ne pressentiez pas les lois de famille, la résurrection des apanages, et tout ce cortége des lois de déportation, de disjonction qui devaient appuyer ce retour au passé ? Pourquoi d'ailleurs chercher le remède au mal dans un luxe odieux de pénalité ? Ce remède, il est dans le bon sens public, qui fait promptement justice de l'expression du mensonge et de la haine. »

Nous devons avoir pleine confiance dans les intentions démocratiques de M. Sénard : son passé nous répond de son avenir.

Mais il n'est question en ce moment que du projet relatif au cautionnement des journaux, et nous nous empressons d'y revenir.

D'après l'article 1er de ce projet, le taux du cautionnement serait fixé ainsi qu'il suit :

» Si le journal ou écrit périodique paraît plus de deux fois par semaine, soit à jour fixe, soit par livraisons et irrégulièrement, le cautionnement sera de 24,000 francs. »

Plusieurs journaux de ce matin approuvent le chiffre fixé par le projet ; mais d'une si singulière façon, que l'on croirait vraiment, à les entendre, que le chiffre de 24,000 francs est bien au-dessous de celui qu'ils espéraient devoir être proposé. Ils se réjouissaient déjà de l'exécution promise de la loi du 14 décembre 1830 qui fixait à 2,400 francs de rente le cautionnement des feuilles publiques quotidiennes, c'est-à-dire à 48,000 fr. de capital à 5 pour cent au pair. Il est inutile d'ajouter que ces journaux ont un cautionnement de 100,000 fr. au Trésor, qu'ils redoutent la concurrence de la jeune presse et qu'ils ne seraient pas fâchés de la voir étouffer sous la loi du capital. — Touchante confraternité !

C'est par erreur sans doute que le texte porte 24,000 francs ; c'est *douze cents francs* de rente, qu'il faut lire, représentant effectivement un capital de 24,000 francs ; car nous ne supposons pas que le gouvernement ait voulu proposer une loi d'exception pour régir la presse républicaine, et il n'y a que les lois d'exception qui aient forcé les propriétaires de journaux à déposer un cautionnement en numéraire.

On n'accusera certes pas Louis XVIII, Charles X et Louis-Philippe d'avoir été des républicains de la veille ou du lendemain ; d'avoir favorisé beaucoup la liberté de la presse ; d'avoir facilité aux écrivains les moyens de publier librement leurs opinions ; eh bien ! ni Louis XVIII, ni Charles X, ni Louis-Philippe (dans sa première loi sur la presse) n'ont demandé aux propriétaires ou gérans de journaux des cautionnemens en numéraire !

Dans la loi du 9 juin 1819 (celle de Louis XVIII), le cautionnement des journaux quotidiens était de *dix mille francs* DE RENTE ; dans la loi du 18 juillet 1828 (celle de Charles X), ce cautionnement était fixé à *six mille francs* DE RENTE ; enfin dans la loi du 14 décembre 1830 (celle de Louis-Philippe), le cautionnement était réduit à *deux mille quatre cents francs* DE RENTE ; il y a plus : la loi du 8 avril 1831, qui abrogeait le premier paragraphe de l'article 1er de la loi du 14 décembre 1830, a laissé subsister le chiffre du même cautionnement, qui devait être fait EN RENTE, comme tous les précédens.

C'est aux infâmes lois de septembre que nous sommes redevables des cautionnemens en numéraire. L'article 13 du titre II de la loi du 9 septembre 1835 était ainsi conçu :

« Si le journal ou écrit périodique paraît plus de deux fois par semaine, soit à jour fixe, soit par livraison et irrégulièrement, le cautionnement sera de 100,000 fr. »

Comparez maintenant la rédaction de cet article 13 avec celle de l'article 1er du projet de décret dont nous nous occupons, et vous verrez qu'elles sont toutes deux semblables : il n'y a que le chiffre du cautionnement de changé. Nous n'attachons à ces rapprochemens aucune importance ; car il arrive souvent que plusieurs de ces articles se ressemblent ; mais nous ne comprenons pas l'idée qu'on a eue de ressusciter les cautionnemens en numéraire dont il n'est fait mention que dans les lois odieuses de septembre, les seules qui faisaient tache dans nos codes, et que le gouvernement provisoire de la République a bien fait d'abroger.

Mais il y a eu erreur, nous en sommes convaincus, et nous espérons que le pouvoir actuel, qui a lutté si courageusement, sous l'ancien règne, contre ces mêmes lois, s'empressera de faire droit à nos observations en fixant provisoirement le chiffre du cautionnement en rentes et non pas en numéraire. Nous venons de dire *provisoirement* ; car nous pensons avec M. Senard que « ce projet de décret, conserve dans toutes ses dispositions son caractère *essentiellement* TRANSITOIRE. Le gouvernement appelle de ses vœux, et il hâtera de tous ses moyens, le moment ou l'Assemblée nationale pourra réunir dans un même code de la presse tous les principe régulateurs de cette importante matière, toutes les conditions qui doivent concilier, sur ce difficile terrain, l'intérêt de l'ordre public et le droit individuel des citoyens. » — Nous acceptons ces promesses avec le ferme espoir qu'elles ne seront pas comme celles de la couronne.

L'article 2 du projet de loi accorde « aux propriétaires des journaux ou écrits périodiques actuellement existans et n'ayant pas encore versé de cautionnement, *un délai de vingt jours*, à compter de la promulgation du présent décret. »

Il nous semble que ce délai est bien court et qu'on est plus rigoureux sous notre jeune République qu'on ne l'était jadis sous les vieilles monarchies.

La loi du 18 juillet 1828 (celle votée sous le règne de Charles X) accordait un délai de *six mois* aux propriétaires de journaux. Voici la teneur de l'art. 9 de cette *loi monarchique* :

« Il est accordé aux propriétaires actuels des journaux existans,

sans qu'on puisse leur opposer les dispositions de l'article 1er, *un dé-*
lai de six mois, à dater de la promulgation de la présente loi, pour
présenter un, deux ou trois gérans responsables, réunissant les conditions requises par les articles précédens. »

Le délai de *six mois* était aussi accordé par la loi du 14 décembre 1830 (celle de Louis-Philippe); mais il y a quelque chose de
de plus fort encore, c'est le délai accordé par la loi... du 9 septembre
1835; oui, par la loi faite pour tuer la presse ! Le passage où il en
est question est assez curieux pour que nous ne le passions pas sous
silence.

Le paragraphe 9 de l'article 13 du titre 11 des lois de septembre se
termine ainsi :

« Il est accordé aux propriétaires de journaux ou écrits périodiques, actuellement existans, *un délai* de QUATRE MOIS pour se
conformer à ces dispositions. »

Nous ne sommes pas bien exigeans; nous ne demandons pour la
jeune presse républicaine le bénéfice accordé sous l'ancien règne à
nos confrères de la monarchie par la loi du 9 septembre 1835.

Remettons à demain ce qui nous reste à dire sur les autres articles
de ce projet (1).

<h2 style="text-align:center">V.</h2>

SOMMAIRE. — Du délai accordé pour les remboursemens : observations. —
Des dispositions de certaines lois antérieures, non abrogées par le projet du
décret. — Frais d'insertion dus par le gouvernement aux journalistes. — Quel
est le devoir du ministère envers la presse indépendante. — Paroles de Benjamin Constant sur la liberté de la presse. — L'établissement du cautionnement jugé par Daunou et Benjamin Constant. — Nos espérances.

Certains journaux commencent à s'occuper maintenant de la question du cautionnement : il vaut mieux tard que jamais. Nous place-
rons en tête *le National*, qui a dit d'excellentes choses en faveur de
la liberté de la presse, dans son numéro du 13 juillet. Les autres journaux viendront ensuite, et nous ne désespérons pas de lire plus tard
dans *les Débats*, *le Constitutionnel* et *le Siècle* de pompeux articles
contre le cautionnement; mais ces anciennes feuilles auront la pru-
dence d'attendre le vote du projet de décret par l'Assemblée nationale. Quand les journaux de la cour et de la vieille gauche dynastique
seront bien sûrs que le sacrifice est consommé, et que le décret proposé est devenu définitif, ils verseront des larmes sur le sort de la

---

(1) *La République*, 13 juillet, no 138.

presse non cautionnée. Qui sait si, dans leur générosité du lendemain, ils ne proposeront pas une souscription en faveur de ces pauvres feuilles de Paris et des départemens qui auront été dévorées par ce monstre des civilisations modernes, qui ne s'appelle plus ni Charybde, ni Scylla, comme aux temps d'Homère, mais que l'on désigne aujourd'hui sous le nom prosaïque de : — Capital !

Reprenons bien vite la suite de la discussion du projet de décret, car le temps nous manque, et il nous reste encore tant de choses à dire; mais les lumières du gouvernement et de l'Assemblée suppléeront facilement à notre insuffisance.

Nous avons été frappé du rapport peu sympathique qui existe entre l'article 2 et l'article 3 de ce projet. C'est sans doute une erreur nouvelle que l'on s'empressera de faire disparaître avec celles qui ont déjà été signalées.

L'article 2 accorde, comme on sait, un délai de *vingt jours* seulement aux propriétaires de journaux, pour se conformer aux dispositions de l'art. 1er de ce projet. L'article 3, au contraire, est bien plus conforme aux sentimens de générosité qui animent la nation française. Il est vrai que cet article est tout à fait dans l'intérêt du trésor. « Les propriétaires de journaux ou écrits périodiques, dit cet article, qui, en exécution de la loi du 9 septembre 1835, ont versé un cautionnement supérieur au taux fixé par l'article 1er du présent décret, seront remboursés de la portion excédante, par le trésor public, dans un délai qui ne dépassera pas six mois, à compter de la promulgation du présent décret. »

Si le trésor réclame à bon droit un délai de *six mois* pour pouvoir être en mesure de rendre les cautionnemens versés en vertu de la loi du 9 septembre 1835, croit-on par hasard que les particuliers propriétaires de journaux ou gérans n'ont pas besoin d'un délai à peu près semblable pour avoir la faculté d'opérer le versement de leurs cautionnemens aux bureaux du ministère des finances? — Dans les temps où nous vivons, les cautionnemens des journaux, quoique n'étant portés qu'au chiffre de 24,000 fr., ou plutôt de *douze cents francs de rente* ne se trouvent pas en quelques jours; il y a même plusieurs de nos confrères qui auront bien de la peine à en trouver un dans le délai fixé par le projet de décret.

Comme nous avons la ferme conviction que le pouvoir actuel ne veut susciter à la presse républicaine aucune entrave, nous devons croire que dans l'intérêt de la justice et de l'équité, et pour se conformer au principe d'égalité, base fondamentale de notre société nouvelle, on rendra les deux délais égaux, en fixant l'un et l'autre à *trois mois*.

Le Trésor, qui possède les richesses du pays, qui a sous la main les anciens cautionnemens des journaux, ne doit point vouloir jouir d'un privilége qu'on refuse d'accorder à de pauvres écrivains qui ont si puissamment contribué au mouvement révolutionnaire de février, c'est-à-dire à la proclamation et au triomphe de la République française !

L'article 4 du projet de décret dit que « les dispositions des lois des 9 juin 1817, 18 juillet 1828, qui ne sont pas contraires au présent décret, continueront à être exécutées. » A ce sujet, nous avons une observation à faire.

Dans la loi du 9 juin 1819, nous trouvons un article ainsi conçu :

« Tout journal sera tenu d'insérer les publications officielles qui lui seront adressées, à cet effet, par le gouvernement, le lendemain du jour de l'envoi de ces pièces, *sous la seule condition du* PAIEMENT *des frais d'insertion.* »

Jusqu'à présent, nous avons reçu du gouvernement provisoire, quand il siégeait à l'Hôtel-de-Ville, de la Commission exécutive, quand elle était au Luxembourg, et même du ministère actuel, de nombreuses « publications officielles, » que nous avons insérées *gratuitement*, et que nous sommes tout disposés à insérer encore sans demander aucune espèce de *paiement*. Nous désirerions savoir alors (puisque cette disposition de la loi du 9 juin 1819 n'est pas contraire au présent décret) si nous serons *forcés* de réclamer nos *frais d'insertion*. Il est permis de penser que nous n'en serons pas réduit là, et que nous et nos confrères aurons la *liberté* d'insérer généreusement et gratuitement dans nos colonnes tous les actes officiels qu'il plaira au gouvernement de nous adresser.

La presse parisienne est généreuse, et par la publicité qu'elle donne aux actes ministériels, elle rend chaque jour au pouvoir d'immenses services. Qu'arriverait-il, grand Dieu ! si le gouvernement en était réduit à la publicité du *Moniteur* ou à celle du *Bulletin des Lois* ? Il cesserait d'exister. Tous ces recueils officiels sont comme certains vins, ils ont besoin de vieillir pour être appréciés. On connaît le sort des feuilles ministérielles : elles n'ont jamais eu qu'une qualité, celle de compromettre le pouvoir qui les subventionnait. Grâce au ciel, le règne de la presse servile et soldée est fini. Tous les efforts du gouvernement doivent donc tendre à favoriser les tendances de la presse indépendante, non pas de cette presse anarchique ou réactionnaire

qui voudrait voir le monde en ébullition et tous les citoyens s'entr'é-
gorger, mais de cette presse consciencieuse et impartiale, qui aime
le peuple et demande l'amélioration du sort des classes laborieuses,
qui prêche la réforme des abus qui s'opposent aux progrès de notre
agriculture, de notre industrie, de notre commerce et qui combat
avec courage pour la gloire et la prospérité de la France !

Plus la presse sera libre, plus elle sera dégagée des entraves du
fisc, et plus elle activera le mouvement des idées, et plus elle servira
de véhicule à l'instruction populaire. Alors les gouvernemens auront
plus de chances de durée, les citoyens connaîtront davantage le prix
de la liberté, et nos populeuses villes ne seront plus ravagées par l'i-
gnorance, ce fléau qui pousse à la haine, à la dévastation, au
meurtre !

La liberté de la presse est la plus précieuse de nos libertés, et elle a
eu pour défenseurs les plus grands écrivains, les plus nobles carac-
tères de ce siècle : Béranger, Châteaubriand, Foy, Manuel, Benjamin
Constant, Lamarque, P.-L. Courier, G. Cavaignac, Armand Carrel,
et tant d'autres courageux penseurs dont les noms nous échappent.

On vient de dire que la liberté de la presse ébranle les constitu-
tions, pousse le peuple à l'émeute et renverse les gouvernemens
établis ; relisez le passage de Châteaubriand que nous citions dans un
de nos articles, et réfléchissez sur ces paroles de Benjamin Constant,
écrites il y a déjà trente ans :

« Le gouvernement anglais ne fut point ébranlé par les célèbres lettres de Junius. En Prusse, sous le règne le plus brillant de cette
monarchie, la liberté de la presse fut illimitée. Frédéric, durant
quarante-six années, ne déploya jamais son autorité contre aucun
écrivain, contre aucun écrit, et la tranquillité de son règne ne fut
point troublée, bien qu'il fût agité par des guerres terribles et qu'il
luttât contre l'Europe liguée. C'est que la liberté répand du calme
dans l'âme, de la raison dans l'esprit des hommes qui jouissent sans
inquiétude de ce bien estimable. Ce qui le prouve, c'est qu'après la
mort de Frédéric, les ministres de son successeur ayant adopté la
conduite opposée, une fermentation générale se fit bientôt sentir.
Les écrivains se mirent en lutte contre l'autorité ; ils furent pro-
tégés par les tribunaux ; et si les nuages qui s'élevèrent sur cet hori-
zon, jadis si paisible, ne formèrent pas une tempête, c'est que les
restrictions mêmes qu'on tenta d'imposer à la manifestation de la
pensée se ressentaient de la sagesse du grand Frédéric, dont l'ombre
magnanime semblait encore veiller sur la Prusse.

» Ce ne fut point la liberté de la presse qui causa le bouleversement de 1789. La cause immédiate de ce bouleversement fut, comme on le sait, le désordre des finances; et si, depuis 150 ans, la liberté de la presse eût existé en France ainsi qu'en Angleterre, elle aurait mis un terme à des guerres ruineuses et une limite à des vices dispendieux. Ce ne fut point la liberté de la presse qui enflamma l'indignation populaire contre les détentions illégales et les lettres de cachet. Au contraire, si la liberté de la presse eût existé sous le dernier règne, on aurait vu combien ce règne était doux et modéré; l'imagination n'aurait pas été frappée par des suppositions effrayantes, dont la vraisemblance n'était fortifiée que du mystère qui les entourait. Les gouvernemens ne savent pas le mal qu'ils se font en se réservant le privilége exclusif de parler et d'écrire sur leurs propres actes : on ne croit rien de ce qu'affirme une autorité qui ne permet pas qu'on lui réponde; on croit tout ce qui s'affirme contre une autorité qui ne tolère point d'examen.

» Ce ne fut point enfin la liberté de la presse qui entraîna les désordres et le délire d'une révolution malheureuse; ce fut la longue privation de la liberté de la presse qui avait rendu le vulgaire des Français ignorans et crédules, et par là même inquiets et souvent féroces. Dans tout ce qu'on nomme les crimes de la liberté, je ne reconnais que l'éducation de l'arbitraire.

» Dans les grandes associations de nos temps modernes, la liberté de la presse, étant le seul moyen de publicité, est en conséquence, quelles que soient les bornes du gouvernement, l'unique sauvegarde des citoyens.

» D'ailleurs, quand on propose aujourd'hui des mesures contre la liberté de la presse, on oublie l'état de l'Europe ; elle n'est plus asservie, et la France n'est plus, comme le Japon, une île qu'un sceptre de fer prive de tout commerce avec le reste du monde.

» Ne sait-on pas que les prohibitions sont une prime à la contrebande ? Pour étouffer la liberté de la presse, il a fallu mettre un mur d'airain entre nous et l'Angleterre, réunir la Hollande, enchaîner la Suisse et l'Italie, fusiller des libraires et des imprimeurs en Allemagne. Ces mesures ne sont pas à l'usage d'un gouvernement équitable.

» Les principes qui doivent diriger un gouvernement juste sur cette question importante sont simples et claires; que les auteurs soient responsables de leurs écrits, quand ils sont publiés, comme tout homme l'est de ses paroles quand elles sont prononcés ; de ses actions quand elles sont commises (1). »

____

(1) *Cours de politique constitutionnelle*, par Benjamin Constant. Collection complète, t. I, p. 144 et suiv.

La reponsabilité que prendrait chaque rédacteur d'un journal serait, selon nous, une meilleure garantie que le cautionnement en numéraire ou en rentes, qui en réalité ne garantit rien, et empêche seulement l'intelligence honnête et pauvre de se manifester par la publicité. Combien trouverons-nous d'écrivains qui auront 24,000 francs à verser au trésor avant de *pouvoir* exprimer une idée utile au pays, avant de *pouvoir* répandre les semences d'un principe fécond qui, peut-être, est destiné à sauver un jour notre malheureuse société?

Puisque nous exhumons depuis le commencement de cette discussion de vieux textes morts, et que nous donnons la parole aux anciens défenseurs de la liberté de la presse, qu'on nous permette de citer les raisons qu'alléguèrent contre l'établissement du cautionnement Daunou et Benjamin Constant, lors de la présentation de la loi du 9 juin 1819. Nous citons le rapport fait dans un livre aujourd'hui très rare, et qui s'appelle le *Manuel de la liberté de la presse* (1).

« M. Daunou a regardé les articles du projet de loi qui astreignent les journaux à fournir des garanties à la société, comme violateurs du texte et de l'esprit de la Charte ; c'est particulièrement *contre les cautionnemens exigés* qu'il s'est élevé, en partant du principe qu'une législation sage et morale suppose sans doute que les crimes et les délits sont possibles, *mais qu'elle doit se garder de les déclarer probables,* et pour ainsi dire habituels, familiers à une profession particulière, *expressément* désignée... Discutant la quotité des cautionnemens, il a cherché à établir *qu'elle tendait nécessairement à* EMPÊCHER la publication de beaucoup de journaux, sinon à Paris, du moins dans les départemens, ce *qui est évidemment* CONTRAIRE *à la liberté de la presse;* que, de plus, on n'arrêterait point la création de journaux soutenus par des factions riches et puissantes, tandis qu'on *empêcherait des entreprises innocentes* et même UTILES. — M. Benjamin Constant regarde la loi sur les journaux comme entièrement *vicieuse dans son* principe et *funeste* dans ses conséquences. Selon lui, dès que la presse est un instrument, elle doit rentrer dans le droit commun ; or, le droit commun ne veut point que celui qui se sert d'un instrument donne caution *qu'il n'en abusera pas.* Sous ce rapport, *la loi serait donc une* LOI D'EXCEPTION; de plus, elle viole l'art. 8 de la charte, qui interdit formellement toutes les lois préventives relativement à la presse, et qui ne permet que les lois répressives ; or, *un cautionnement an-*

---

(1) La Bibliothèque nationale, qui est aussi mal administrée sous la République qu'elle l'était sous la monarchie, ne contient pas cet ouvrage.

ticipé n'est certainement pas une mesure de répression. D'ailleurs , en partant de là, il faudrait demander des garanties et des cautionnemens pour toutes les professions ; *car il n'en est pas une dont l'abus ne puisse conduire à des délits et même à des crimes*. Enfin, on a toujours vu que ce système de prévenir les délits, au lieu de les punir ne servait qu'à enchaîner les innocens, sous prétexte qu'ils pouvaient bien devenir coupable ; *il faut donc en revenir franchement à protéger* LA LIBERTÉ (1) »

Ainsi Benjamin Constant voyait, dès 1810, une atteinte qu'on allait porter à la liberté de la presse dans l'établissement des cautionnemens. Cette mesure, comme le pensait Daunou, était prise en faveur des riches, contre ceux qui n'ont d'autre opulence que leur honnêteté, leur courage et leur talent.

Les deux passages que nous venons de citer exerceront-ils quelque influence sur la discussion du projet de décret qui va s'ouvrir à l'Assemblée nationale? Nous l'espérons par respect pour les noms célèbres que nous venons d'invoquer, et par l'amour que nous portons à la plus précieuse de nos libertés,— la liberté de la presse! (2)

---

(1) *Manuel de la liberté de la presse*, p. 276-78.
(2) *La République,* 14 juillet, n° 139.

DU TRANSPORT

DES JOURNAUX.

M. Etienne Arago, directeur des postes, a adressé aux inspecteurs des postes, en date du 29 juin dernier, la circulaire suivante :

« Vous savez, monsieur, que l'arrêté du 27 prairial an IX, qui assure à l'administration des postes le transport exclusif des lettres, journaux, feuilles à la main et ouvrages périodiques, a, par une application journalière, été maintenu jusqu'à ce jour en pleine vigueur.

» En conséquence, et nonobstant les instructions que je vous ai adressées récemment pour vous annoncer que l'administration tolérerait momentanément le transport des journaux mis en ballots par une voie autre que celle de la poste, vous aurez à faire exécuter à l'avenir, exactement, l'arrêté du 27 prairial an IX, et vous saisirez et ferez saisir les feuilles publiques de toute nature qui circuleraient de quelque manière que ce soit, lorsqu'elles n'auront pas été préalablement affranchies et remises entre les mains des agens des postes.

» Vous voudrez bien porter cette disposition à la connaissance des administrations des chemins de fer et des messageries de votre localité, qui auront à s'y conformer exactement en ce qui les concerne.

» ETIENNE ARAGO. »

Qu'il nous soit permis de dire en commençant que nous n'accusons pas M. Etienne Arago de cette inqualifiable application de l'arrêté du 27 prairial. Nous pensons qu'il a eu la main forcée ; qu'une volonté plus puissante que la sienne, celle de la réaction, l'a poussé à agir ainsi contre la plus précieuse de nos libertés ; car nous connaissons M. Etienne Arago depuis longtemps ; nous l'avons vu, le 24 février, exhortant la garde nationale à combattre pour la cause républicaine ; nous nous rappelons encore le képi sans numéro qu'il portait lors de notre dernière révolution, et qui lui permettait de s'incorporer dans toutes les légions qui n'avaient pas encore marché avec le peuple ; nous l'avons retrouvé à l'hôtel des Postes et à l'Assemblée nationale aussi démocrate, aussi dévoué au maintien de la liberté de la presse qu'il l'était, sous l'ancien règne, dans les bureaux du journal *la Réforme*.

Si les morts pouvaient se faire entendre des vivans ; si les républicains qui sont tombés sous le glaive de la justice monarchique, ou qui ont expiré dans les cachots de la Restauration et dans les prisons de la dynastie d'Orléans, sortaient de leurs tombeaux et venaient se placer au milieu de nous ; si les chefs intelligens et fermes du mouvement révolutionnaire qui s'accomplissait dans la presse sous le règne de Louis-Philippe : Godefroy Cavaignac et Armand Carrel, apparaissaient à nos regards, ils ne jugeraient pas plus sévèrement que nous la conduite de leur ancien ami, de leur camarade de conspiration, de leur frère des émeutes ; ils diraient à Étienne Arago: « Tu n'es pas un apostat, mais tu as agis avec faiblesse ; songe que nous n'avons jamais voulu pactiser avec ceux qui osaient porter une main profane sur la liberté de la presse. Il valait mieux résister au torrent réactionnaire et te démettre de tes fonctions, s'il le fallait, plutôt que de battre en brèche, toi qui as recueilli les fruits de nos sueurs, de notre souffrance, de nos larmes et de notre sang, le principe de la liberté pour lequel nous avons fait le sacrifice de notre vie !... »

Mais les morts ne reviennent pas, comme l'a dit fort judicieusement un membre de la Convention. Il n'y a que la postérité qui juge.

Comme nous pensons que M. Etienne Arago n'est pas suffisamment éclairé sur la nature de l'arrêté qu'il cite dans sa circulaire, quoique nous ayons fait tous nos efforts pour le convaincre, dans diverses conversations que nous eûmes avec lui à ce sujet, nous allons discuter cet arrêté dont l'exécution est en faveur, non, de la poste, mais des directeurs de journaux.

M. Etienne Arago se trompe, ou plutôt il fait confusion, en disant dans sa lettre : « que l'arrêté du 27 prairial de l'an IX assure à l'administration des postes le transport exclusif des lettres, journaux, feuilles à la main et ouvrages périodiques. » Tous les directeurs de journaux reconnaissent le droit que possède l'administration des postes de transporter *exclusivement* les lettres *portant adresses*, les journaux *mis sous bandes* et les ouvrages périodiques dont *chaque exemplaire* est adressé directement à un individu domicilié hors Paris; car, dans la capitale, il est permis, d'après un jugement du tribunal correctionnel de la Seine du 25 août 1836, en se conformant aux termes de la déclaration de 1759, de transporter les feuilles publiques, pour les simples particuliers et les entrepreneurs de journaux, sans avoir recours aux facteurs de l'administration des postes. Le droit qu'invoque ici M. Etienne Arago se trouve nettement formulé dans l'article 1er de l'arrêté du 27 prairial de l'an IX, ainsi conçu :

« Les lois des 26 août 1790 (art. 4) et 21 septembre 1792, et l'arrêté du 26 vendémiaire an VII, seront exécutés : en conséquence, il est défendu à tous les entrepreneurs de voitures libres et à toute personne étrangère au service des postes de s'immiscer dans le transport des lettres, journaux, feuilles à la main et ouvrages périodiques, paquets et papiers du poids d'un kilogramme (deux livres) et au dessous, dont le port est exclusivement confié à l'administration des postes aux lettres. »

M. Etienne Arago, fort de cet article, qui est certainement très net et très explicite, a dit à ses inspecteurs :

« En conséquence, et nonobstant les instructions que je vous ai adressées récemment pour vons annoncer que l'administration tolérerait momentanément le transport des journaux mis en ballots, par une voie autre que celle de la poste, vous aurez à faire exécuter, à l'avenir, exactement l'arrêté du 27 prairial an IX, et vous saisirez et ferez saisir les feuilles publiques de toute nature qui circuleraient de quelque manière que ce soit, lorsqu'elles n'auront pas été préalablement affranchies et remises entre les mains des agens des postes. »

Au premier abord, et surtout lorsqu'on a lu l'article Ier que nous venons de citer, il paraît que M. Etienne Arago a parfaitement raison en ordonnant de saisir toutes les feuilles publiques partant par une autre voie que celle de la poste. Il n'en est cependant rien, et nous allons le démontrer en quelques lignes.

S'il n'y avait eu qu'un seul article dans l'arrêté du 27 prairial an IX, sur lequel le citoyen directeur des postes essaie d'établir son droit, le commerce de la librairie eût été impossible pendant ces cinquante dernières années; car le fameux article 1er que nos lecteurs connaissent dit positivement que toute feuille imprimée doit être *transportée exclusivement* par les soins de l'administration des postes ; il n'indique pas seulement les lettres, les journaux, les feuilles à la main, les ouvrages périodiques ; mais il désigne encore les paquets et les papiers de toute sorte. Or, les libraires des départemens reçoivent chaque semaine leurs envois par les messageries ou par les chemins de fer (et cela a lieu depuis le 27 prairial, c'est-à-dire depuis Napoléon, Louis XVIII, Charles X et Louis-Philippe), et jamais ils n'ont été inquiétés par MM. les directeurs des postes de l'Empire, de la Restauration et du régime constitutionnel. Comment se fait-il donc qu'on soit devenu si sévère depuis la révolution de février ? C'est qu'on n'a pas lu en entier l'arrêté du 27 prairial. Nous ne plaisantons pas ; nous parlons sérieusement.

Il est bien évident pour tout le monde que nous ne venons pas faire ici l'apologie des légistes qui ont rédigé l'arrêté en question ; nous ne voulons pas leur prêter plus d'intelligence qu'ils n'en ont eu réellement ; mais cependant nous sommes obligés de dire pour leur honneur, que s'ils eussent rédigé leur arrêté selon l'esprit qu'on veut bien lui prêter aujourd'hui, ils se fussent délivré gratuitement un brevet d'absurdité.

L'art. 1er dit bien que l'administration des postes est exclusivement chargée du transport des lettres, journaux, feuilles à la main et ouvrages périodiques, paquets et papiers *du poids d'un kilogramme* et AU-DESSOUS ; ce qui semblerait indiquer que le POIDS a été considéré pour quelque chose par les législateurs du Consulat ; mais l'art. 2 du même arrêté donne l'explication de ce qui paraît si nébuleux dans la rédaction de l'art. 1er. Nous lisons en effet :

« Les sacs de procédure, les papiers uniquement relatifs aux services personnels des entrepreneurs de voitures et les *paquets* AU-DESSUS *du poids de deux livres*, SONT SEULS EXCEPTÉS de la prohibition de l'article précédent. » (*Art. 2 de l'arrêté du 27 prairial de l'an IX.*)

Nous pensons donc sincèrement que si M. Etienne Arago ou ceux qui ont rédigé sa malencontreuse circulaire avaient lu entièrement l'arrêté du 27 prairial, ils se seraient bien gardés d'écrire aux inspecteurs des postes cette phrase qui est en contradiction flagrante avec le texte du second article de cet arrêté :

« Vous savez, monsieur, que l'arrêté du 27 prairial an IX, qui assure à l'administration des postes le transport exclusif des lettres, journaux, feuilles à la main et ouvrages périodiques, a, par une application journalière, été maintenu jusqu'à ce jour en pleine vigueur. »

Comment, vous pensez, vous, monsieur Arago, que la poste seule a le privilége (le privilége sous une République !) de transporter tous les paquets *au-dessus du poids* d'un kilogramme ? Veuillez donc interroger les entrepreneurs des messageries nationales et Laffitte, les directeurs des chemies de fer, et ils vous diront combien de millions de kilogrammes de paquets imprimés ils ont transportés depuis l'arrêté du 27 prairial, et combien ils en transportent encore chaque année sans se croire nullement en contravention avec les lois du 26 août 1790, du 21 septembre 1792, du 26 vendémiaire an VII et du 27 prairial an IX.

Nous avons dit plus haut que le citoyen directeur des postes avait confondu les paquets formés de journaux *mis sous bandes* avec les paquets de journaux en *feuilles*. Cette différence est bonne à établir, et nous sommes surpris que l'administration des postes ne l'ait point faite avant nous.

Il est bien évident que si les directeurs de journaux formaient dans chaque grande ville de France des bureaux de distribution, et que, pour éviter les frais de poste, ils envoyassent leurs journaux *sous bandes,* dans des paquets dont le poids serait au dessus d'un kilogramme, ils se trouveraient nécessairement en contravention avec l'arrêté du 27 prairial, qui accorde exclusivement à l'administration des postes le monopole du transport des lettres et journaux, c'est-à-dire des lettres *portant une adresse*, et des journaux *mis sous bandes.*

Mais aujourd'hui il ne se passe rien de semblable. Les directeurs de journaux envoient par les messageries ou les chemins de fer des paquets de journaux *en feuilles*, comme on envoie dans les départemens, depuis cinquante années, des prospectus de librairie ou des ouvrages scientifiques et littéraires, *brochés* ou *en feuilles*, pour être distribués ou vendus par les libraires des principales villes de France.

Il y a plus d'un précédent en faveur de la thèse que nous soutenons et qui s'accorde parfaitement d'ailleurs avec l'esprit de l'arrêté du 27 prairial.

La cour de Poitiers avait jugé le 16 juillet 1836 que l'arrêté du 27 prairial an IX ne défend pas aux entreprises de voitures publiques de se charger du transport des journaux, lorsqu'ils sont renfermés dans un ballot sans toile ni corde, pesant plus d'un kilogramme. Cet arrêt fut cassé par la cour suprême le 17 février 1837, non point parce que le ballot renfermait des journaux en feuilles, mais parce que les journaux *étaient mis sous bandes,* et qu'ils portaient CHACUN une *adresse particulière*. La plupart des légistes qui rapportent ce jugement parlent de l'arrêté du 27 prairial dans le même sens que nous, et M. Chassan, qui en cite des extraits dans son savant *Traité des délits et des contraventions de la parole*, ajoute : « L'espèce est très favorable ; elle est à noter. »

Nous ne voulons pas nous étendre davantage aujourd'hui sur ce sujet; mais en terminant, nous prions M. le directeur des postes d'examiner plus mûrement cette question qui intéresse à un si haut degré la liberté de la presse, et nous l'engageons surtout à ne pas prendre de détermination avant de s'être assuré s'il ne porterait pas un grave préjudice à la classe pauvre de nos départemens, qui vit maintenant par la vente des journaux, et qui se trouverait tout à coup privée de ressources, si la circulaire du 29 juin dernier était mise à exécution (1).

---

(1) *La République*, 10 juillet, n° 135.